MÉMOIRE

EN RÉPONSE

POUR LE SIEUR LAPEYRÈRE,

APPELANT DU JUGEMENT RENDU LE 11 FÉVRIER 1852,
PAR LE TRIBUNAL CORRECTIONNEL DE LA SEINE.

CONTRE

LES SIEURS BAUTAIN, LACORDAIRE, ETC.,

INTIMÉS SUR LEDIT APPEL.

> Euntes in mundum universum,
> prædicate Evangelium omni creaturæ.
> (SAINT MARC, *chap.* 16, *v.* 15.)

Vers la fin de sa plaidoirie, l'honorable défenseur de nos adversaires produisit au tribunal une consultation signée des noms les plus considérables du barreau de Paris.

C'était procéder très habilement et mettre tout l'avantage de son côté; car, présentée dans un pareil moment, cette consultation devait nécessairement rester sans réponse.

Il nous serait impossible de dire au juste quelle influence cette tactique ingénieuse a pu avoir sur la sentence qui est intervenue contre nous, mais il serait difficile de croire qu'elle n'en ait eu aucune; on ne saurait méconnaître à ce point la valeur d'une œuvre qui se recommande autant par l'habileté extrême de la discussion que par la haute réputation des signataires.

Nous avons donc subi, ne pouvant faire autrement, son fâcheux effet en première instance; mais nous devons à la justice et nous

nous devons à nous-même de ne pas le subir en appel. Pour répondre, le temps nous a manqué, non les raisons; nous espérons qu'après nous avoir lu, nos juges n'en douteront pas.

La question à résoudre est celle de savoir, *si le sermon est la propriété exclusive et absolue du prédicateur.*

En d'autres termes, *si la parole de Dieu* peut devenir la *propriété exclusive et absolue* d'un homme?

Si elle peut cesser d'être le bien de tous les chrétiens, la céleste nourriture de tous les fidèles, pour n'être plus que *la chose* du prêtre qui l'a revêtue d'une certaine forme oratoire :

Si enfin le prédicateur a sur cette chose sacrée les droits les plus absolus de la propriété profane; s'il peut la refuser, la retenir et procéder par procès, condamnations et amendes, pour faire respecter les droits qu'il a sur elle.

Voilà la question; elle est grave et se rattache aux principes les plus élevés; aucune ne mérite davantage de fixer l'attention de la Cour.

« A la première impression, dit le savant auteur de la consulta-
» tion, il semble qu'aucun doute sur ce droit puisse s'élever; on
» a peine à comprendre d'abord d'où naîtraient des objections, du
» moins des objections sérieuses. » (Page 9).

Notre première impression a été toute contraire. L'apparition de cette prétention de propriété nous a causé une grande surprise; nous n'en avons compris d'abord ni l'intérêt ni le droit. Le droit, nous avons bientôt vu à l'aide de quels abus de raisonnements on chercherait à y suppléer, et les plus graves objections, les réponses les plus décisives se sont présentées en foule. Quant à l'intérêt, nous avons renoncé à le comprendre : comment comprendre, en effet, que des hommes aussi dignes de nos respects et même de notre vénération puissent avoir quelque intérêt à empêcher la propagation de la Parole sainte!

Mais pourquoi chercherions-nous à comprendre cet intérêt? la consultation ne nous le permet pas. Elle ne veut pas que nous regardions de ce côté; notre curiosité lui paraît fort indiscrète. Pourquoi parler de devoir, d'intérêt moral ou religieux, le droit ne suffit-il pas? Or, le droit, *les magistrats n'ont pas le pouvoir de le restreindre, sous prétexte que, dans le for intérieur, il serait mieux de ne pas en user* (Page 11). Donc, ne nous occcupons que du droit.

Voici donc comment nous avons été amené à nous en occuper et comment ce procès a pris naissance.

On sait quelle propagande licencieuse, impie et, à tous les points de vue, anti-sociale, signala les années qui précédèrent la révolution de février, sur quelle vaste échelle elle était organisée, avec quel zèle infernal elle fut suivie.

Au plus fort de ces impures ardeurs et de cette œuvre sauvage, en 1845, une toute autre propagande se fondait à Paris. Son titre disait quels étaient ses principes; elle s'appelait la *Propagande des prédications.*

Certes, il fallait alors avoir du courage pour tenter une pareille entreprise, et une foi profonde pour croire au succès!

Depuis long-temps déjà, la chaire catholique retentissait des plus sublimes accents; deux hommes surtout, deux envoyés de Dieu, l'illustraient par leur génie et remplissaient le monde de leur renommée.

La presse religieuse se donna la mission de faire retentir leur parole dans toute l'immensité du monde chrétien. Les plus vastes basiliques dressaient autour de leur chaire de trop étroites enceintes; elle voulut les renverser et leur donner pour auditeur la chrétienté tout entière.

A une époque d'incrédulité, une tentative pareille eût été insensée, elle eût péri sous l'indifférence; mais aujourd'hui heureusement, l'incrédulité n'est qu'à la surface; la foi religieuse anime toutes les parties vives de la société, et c'est ce qui sauvera la France.

Cette propagande pieuse obtint donc un rapide et complet succès.

Confiante dans la foi et dans le bon sens de la nation, elle avait osé naître au milieu des bruits et des scandales des propagandes impies, et elle avait vécu et prospéré. Elle portait en tous lieux la Parole de vie, cette féconde semence de religion et de morale ; elle la répandait partout. Mais, chose qui confond la raison humaine ! cette propagande sainte que la piété publique faisait vivre, ce sont des mains consacrées au service de Dieu qui la frappent, et elle est menacée de périr sous les coups de ces mêmes orateurs sacrés dont elle répand la gloire et complète les œuvres.... Eût-elle dû s'y attendre ?

Dès 1846, en effet, le plus éminent de ces orateurs lui avait déclaré la guerre, en appelant en police correctionnelle le *Journal des prédicateurs*, coupable, d'après lui, d'avoir reproduit ses conférences religieuses, *malgré son refus de les réviser* et contre ses protestations verbales. (*Note à consulter*, p. 17) (1).

Cette première attaque ne fut point accueillie favorablement par la justice. Le ministère public refusa de s'y associer ; il refusa de voir le délit de contrefaçon dans cette reproduction non d'un livre, *mais d'une parole prise au vol en public, et répétée par un organe périodique de publicité au public, pour qui elle avait été dite.*

27 juin 1846, jugement ainsi conçu :

« Attendu qu'aucune loi n'enlève au prêtre le droit légitime du
» produit matériel des œuvres de sa plume et de sa parole ; mais,
» attendu que ce droit doit se concilier avec les franchises de la
» presse périodique ;

» Qu'au point de vue moral, l'orateur n'a pas à s'en plaindre.

---

(1) Tout nous porte à penser que cette *Note à consulter* est du révérend Père Lacordaire ; elle est donc d'une grande importance dans la cause, et nous aurons souvent à nous en occuper.

» car l'esprit de la reproduction est sage, élevé, pieux et bien-
» veillant;

   » Qu'à un autre point de vue, la publication n'ayant été faite
» que par extraits et par fragments ne nuit pas à la publication
» complète et régulière de la pensée; qu'en appelant seulement
» l'admiration et le respect sur l'auteur, elle favorise ses vues en
» inspirant le désir de connaître ses ouvrages;

   » Que, loin qu'il s'agisse de la reproduction en corps d'ouvrage
» des prédications de M. l'abbé Lacordaire, le journal poursuivi
» n'a pas même donné ses prédications en entier;

   » Par ces motifs, etc., acquitte. »

Sur l'appel, arrêt de confirmation de la Cour de Paris, à la date
du 17 septembre 1846, et motivé sur ce qu'il ne s'agissait que de
simples analyses, faites de bonne foi et qui ne pouvaient constituer le délit de contrefaçon.

L'auteur de la *Note à consulter* affirme que, bien qu'en réalité
le *Journal des prédicateurs* eût pris quelques précautions pour se
mettre à l'abri, comme, par exemple, de jeter çà et là quelques
points interlinéaires pour indiquer des suppressions, *précautions
dérisoires*, dit-il, cependant ce n'était là qu'un déguisement, et
que, dans le fait, le discours était donné avec sa forme et sa suite
orale et dans *son intégrité*, sauf de légères omissions, sauf aussi les
fautes commises par les sténographes et les rédacteurs (Page 2).

Cette affirmation doit être vraie, car comment douter de ce qui
nous vient d'une source aussi respectable? Mais alors, comment
les juges de première instance et d'appel ne s'en sont-ils pas aper-
çus? Comment ce déguisement leur a-t-il échappé? une simple
lecture des articles incriminés suffisait pour en montrer l'artifice!
Et s'il ne leur a pas échappé, comment alors devons-nous comprendre les jugements et l'arrêt de 1846?

Il n'y a qu'une manière de les expliquer. Les juges ont pensé
qu'une reproduction par la sténographie, si exacte qu'elle fût, ne

pouvait donner cependant que des parties de discours que l'on pouvait indifféremment appeler des extraits ou des analyses, et qui, *appelant seulement l'admiration et le respect sur l'auteur, favorisaient ses vues en inspirant le désir de connaître ses ouvrages ;* ce sont les propres termes du jugement.

Après ce procès, les attaques cessèrent ; les feuilles religieuses purent croire qu'elles ne seraient plus troublées dans leur propagande. Quelques années s'écoulèrent ainsi dans un calme trompeur ; mais ce qu'elles avaient pris pour une paix, n'était qu'une trêve, et la guerre fut recommencée dans le printemps de l'année 1851.

Le 25 avril de cette année, nos adversaires firent publier dans plusieurs journaux une lettre, véritable reprise d'hostilités, dans laquelle ils qualifiaient la publication de leurs sermons de *déplorable industrie,* déclinaient toute responsabilité dans cette œuvre et menaçaient les auteurs de toutes les rigueurs de la justice.

La surprise fut grande ; la douleur ne le fut pas moins.

Qui eût pu s'attendre à voir traiter avec tant de rigueur une œuvre de salut !

Qui jamais eût pu penser que la publication des *sermons, prônes, conférences, instructions, prononcés dans les églises de Paris par les plus célèbres prédicateurs,* serait qualifiée par eux de *déplorable industrie ?*

Qu'ils traiteraient comme des malfaiteurs, les hommes qui avaient entrepris cette œuvre religieuse et qui en vivaient pauvrement, à côté de tant d'autres qui s'enrichissaient à répandre les plus détestables doctrines ?

Enfin qu'ils poursuivraient devant la justice cet étrange délit de leur avoir donné un auditoire immense ?

Comment des hommes doués de si éminentes vertus et placés si haut dans la vénération publique pouvaient-ils être trompés à ce point ?

Cette entreprise n'était-elle pas évidemment dans l'intérêt des meilleures, des plus saines doctrines? N'était-ce pas l'entreprise du bien? Et, dans nos malheureux temps, était-il parfaitement sage de s'armer de rigueur contre une semblable propagande?

La presse religieuse fit cependant de grands, de louables efforts pour conjurer l'orage et prévenir un procès toujours fâcheux.

Les journaux incriminés déclarèrent hautement que leurs reproductions, si fidèles qu'elles fussent, n'engageaient cependant que leur responsabilité propre et ne pouvaient toucher en aucune manière celle des prédicateurs (1).

Ils pensaient avoir ainsi calmé toutes les susceptibilités, toutes les défiances et fait tomber toute cause de procès; mais ils reconnurent bientôt leur erreur, car, le 15 décembre 1851, une citation les appela devant le tribunal de police correctionnelle.

Sur cette plainte est intervenu, le 11 février 1852, le jugement dont est appel (2).

Nous croyons qu'il nous sera facile de démontrer que ce jugement, qui a donné gain de cause à nos adversaires, a essentiellement méconnu et violé les principes qui règlent le droit de propriété littéraire.

DISCUSSION.

Le savant auteur de la consultation veut bien nous rappeler que le droit de propriété littéraire est aujourd'hui reconnu par la législation et consacré par la jurisprudence. Cela est vrai, mais dans quelles conditions et dans quelles limites?

Et quand il ajoute : « Protégé *dans ses conséquences les plus éten-*

---

(1) Voir aux pièces justificatives n° 1.

(2) Voir le jugement aux pièces justificatives n° 2.

dues par la sagesse des tribunaux et par l'opinion publique (page 8), » que veut-il dire?

S'il entend parler de *conséquences* qui rentrent dans les prévisions de la loi, la chose allait tellement d'elle-même qu'elle ne valait guère la peine d'être dite. S'il entend, au contraire, que la protection de la justice doive suivre la propriété littéraire, même dans celles de ses conséquences qui sont le plus en dehors de toutes les prévisions de la loi, c'est là une erreur d'autant plus grave qu'elle s'applique à une loi pénale.

Or, c'est évidemment sur cette erreur que s'appuie tout le système qui nous est opposé et qui a triomphé devant les premiers juges.

Cette erreur comprend deux parties :

D'abord, elle accorde *à la parole* les mêmes droits de propriété qu'*à l'écrit*.

En second lieu, elle n'admet aucune exception à ce droit de propriété, pas même celle qui résulte de l'accomplissement d'un devoir.

Nous allons examiner ce système et nous en montrerons l'évidente erreur.

Nous savons quelles autorités respectables nous aurons à combattre dans la première partie de notre discussion ; nous n'en sommes pas découragé. Les juges ne prétendent point à l'infaillibilité, ils ne mettent leur dignité que dans la justice.

Dans la seconde partie, au contraire, la jurisprudence nous viendra en aide et nous lui devrons les meilleurs arguments, pour prouver que l'*accomplissement d'un devoir*, que le *paiement d'une dette* ne peuvent jamais constituer un *droit de propriété* en faveur de celui qui doit et qui paie.

PREMIÈRE PARTIE.

QUE LE DISCOURS ORAL NE PEUT A LUI SEUL CONSTITUER LE DROIT DE PROPRIÉTÉ LITTÉRAIRE.

A la première impression, il semble bien difficile de comprendre que la parole puisse à elle seule constituer une propriété.

Comment un son qui meurt en naissant et ne laisse aucune trace pourrait-il être une propriété ?

La propriété peut-elle être jamais fondée sur autre chose que sur le fait de la possession ? Et comment ce qui est si essentiellement insusceptible de possession pourrait-il constituer une propriété !

On a cherché à échapper à cette vérité évidente, en imaginant, pour les besoins de la cause, une sorte de propriété idéale fondée, non sur la possession, mais uniquement sur la *création* de l'œuvre littéraire. La réponse est facile.

La création de l'œuvre et la possession sont également nécessaires à la constitution de la propriété. La création est le principe du droit ; la possession le constitue et lui donne sa valeur.

La possession sans la création, c'est le fait sans le droit ; la création sans la possession, c'est le droit sans le fait. Les deux sont nécessaires.

Il peut y avoir des droits immatériels, il ne peut y avoir de propriété immatérielle ; chaque droit n'est pas constitutif d'une propriété. La propriété, c'est le droit et la possession.

On pourrait tout au plus y voir le *principe de la propriété* ; mais ce principe ne devient le *droit de propriété* que lorsqu'il est fécondé par la possession, et la possession, ce n'est pas la parole, c'est l'écrit. Voilà pourquoi toutes les lois qui ont reconnu la propriété littéraire, n'ont parlé que de l'écrit ; car l'écrit seul réunit le droit et la possession.

Notre honorable contradicteur en première instance, Mᵉ **Marie**, nous disait dans sa réplique :

« *Jamais personne n'a eu la prétention de s'approprier la pensée* » *humaine. La pensée, c'est le trésor de tous*, c'est l'économie des » siècles, c'est la résultante éternelle de ce vaste mouvement qui » a commencé avec le monde, qui s'est élevé, a grandi à travers » les temps et sous les efforts de tous.

» *La pensée vient de Dieu.*

» Mais toute pensée a une formule écrite, PARLÉE, *dessinée,* » *peinte, sculptée.*

» Or, ce sont *ces formules* nées du travail, de l'intelligence, du » talent, du génie individuel, *qui l'individualisent*; œuvres de » l'homme, elles sont l'homme même, elles s'identifient avec lui. » Là est la cause, la source, la raison de la propriété intellec- » tuelle. C'est en remontant à cette origine que la loi de 1793 a » pu proclamer, consacrer cette propriété. (Journal le *Droit*, n° » du 21 janvier 1852.) »

On ne saurait exprimer en un plus beau langage de plus incontestables vérités, et, sauf un mot, nous acceptons tout.

Mais ce mot qui fait tache, c'est la concession nécessaire aux besoins de la cause, c'est l'erreur que l'on a réussi à faire passer plus facilement, en l'entourant de quelques vérités et d'un remarquable luxe de beautés oratoires.

Il faut dégager cette erreur.

La pensée vient de Dieu, elle est le trésor de tous; cela est vrai, plus vrai encore des pensées religieuses que des pensées profanes; nous le rappellerons plus tard.

Mais *toute pensée a une formule*; ceci est moins vrai : en la formulant, la pensée devient *la peinture*, *l'écrit*, le *dessin*, la *sculpture*; elle cesse d'être exclusivement la pensée.

Or, ces formules nées du travail *individualisent* la pensée et sont la source, la raison de la propriété intellectuelle; cela est

incontestable, en retranchant toutefois du passage le mot *parlée*
et en remplaçant les mots *individualisent la pensée*, expressions qui
ne sont point parfaitement exactes, par ceux-ci : *fixent la pensée*.

Qu'est-ce en effet qu'individualiser la pensée ? C'est la fixer ; ce
n'est qu'à cette condition qu'elle peut s'identifier avec celui qui l'a
conçue, qu'elle devient l'homme même. La pensée qui n'est point
émise n'est rien encore ; celle qui est jetée à l'aventure dans le
monde sans que rien la constate et la fixe, qu'est-elle ? Enfant
abandonné dès le berceau, elle appartient à tous, elle n'appartient à personne ; *res nullius*.

Il eût donc fallu mettre *qui la fixent*, mais alors il eût fallu supprimer de la nomenclature des formules, la formule *parlée*, car la
parole ne fixe pas et c'eût été s'avouer vaincu ; on a préféré le mot
individualise, tout équivoque qu'il était, et précisément parce qu'il
était équivoque.

L'honorable M. Renouard commet une erreur semblable. Dans
son introduction, on y lit : « Lorsqu'à l'aide *de la parole*, de l'écri-
» ture, de l'imprimerie, etc., l'auteur d'une idée a revêtu *d'un*
» *corps matériel* la conception de son intelligence, etc., etc. »

Mais il est évident ici que l'erreur n'est que dans un seul mot
que s'accordent à repousser tous les autres mots et le sens même
de la phrase.

La parole, en effet, n'est pas un *corps matériel* et ne peut pas
l'être ; si donc il est nécessaire que l'auteur d'une idée ait revêtu
d'un *corps matériel*, la conception de son intelligence pour avoir
sur elle des droits de propriété, évidemment cela ne peut pas être
fait à l'aide de la parole seule.

La parole seule ne peut donc pas constituer la propriété, puis-
qu'elle ne peut ni fixer la pensée, ni la revêtir d'un corps matériel.

Les exemples même que cite notre adversaire le condamnent :
l'*écrit*, la *peinture*, la *sculpture*, le *dessin*! toutes choses qui don-

nent à la pensée un corps matériel que ne peut lui donner la parole.

Si donc, et notre contradicteur en a fait l'aveu, la propriété intellectuelle n'a d'autre source que la pensée *revêtue d'une forme qui la fixe et la conserve*, il est certain que la parole ne saurait être à elle seule l'origine de cette propriété.

Il semble donc impossible d'admettre qu'aucune loi ait jamais pu confondre des choses aussi dissemblables que l'écrit et la parole et régies par des principes si différents; voyons toutefois si, dans les nombreuses lois qui se sont occupées de ces matières, nous pourrons trouver quelques dispositions qui confirment ou qui contrarient notre opinion.

Nous lisons dans Étienne Blanc que l'ordonnance de Moulins d e 1566, article 77, la déclaration de Charles IX du 16 avril 1571, les lettres-patentes d'Henri III du 12 octobre 1586 et 27 décembre 1617, reconnurent le droit des auteurs; mais il fait remarquer que ce droit de propriété était inerte et sans force dans les mains de l'auteur; il ne prenait vie, pour ainsi dire, et ne lui profitait que par le privilége, qui n'était autre chose que *la permission de publier*.

L'article 33 du règlement de 1618 faisait inhibitions et défenses aux libraires, imprimeurs et relieurs, de contrefaire les *livres* dont ils avaient obtenu le privilége, d'acheter ou de vendre ceux ainsi contrefaits, sous les peines portées auxdits priviléges. — Arrêt du conseil du 27 février 1682, édit du mois d'août 1686, article 65, article 109 du règlement du 28 février 1733, du 30 avril 1777.

Voilà pour la législation ancienne; évidemment on n'y trouve que la protection matérielle d'une chose *matérielle aussi*; il n'y a absolument rien d'où l'on puisse inférer que le législateur ait reconnu le droit de propriété *de la parole seule*.

Dans le droit nouveau, la loi la plus importante, celle qui régit la matière, est la loi du 24 juillet 1793 ; les articles essentiels à connaître sont les articles 1 et 6 ainsi conçus :

« Article Ier. Les auteurs *d'écrits* en tous genres, les compositeurs de musique, les peintres et dessinateurs qui feront graver des tableaux ou dessins, jouiront, durant leur vie entière, du droit exclusif de vendre, etc. »

» Article 6. *Tout citoyen* qui mettra au jour un ouvrage, *soit de littérature ou de gravure*, dans quelque genre que ce soit, sera obligé d'en déposer deux exemplaires à la Bibliothèque Nationale ou au cabinet d'estampes de la République, dont il recevra un reçu signé par le bibliothécaire ; *faute de quoi il ne pourra être admis en justice pour la poursuite du contrefacteur.* •

Comme corollaires de cette loi, les articles 39 et 40 du décret du 5 février 1810, ainsi conçus :

« Article 39. Le droit de propriété est garanti à l'auteur et à sa veuve pendant leur vie, si les conventions matrimoniales de celle-ci lui en donnent le droit et à leurs enfants pendant vingt ans. »

« Article 40. Les auteurs, soit nationaux, soit étrangers, de tout ouvrage *imprimé* ou gravé, peuvent céder leur droit à un imprimeur ou libraire ou à toute autre personne, qui est alors substituée en leur lieu et place pour eux et leurs ayant-cause, comme il est dit à l'article précédent. »

Enfin l'article 425 du Code pénal : « Toute édition *d'écrits*, de composition musicale, de dessin, de peinture ou de toute autre production, *imprimée* ou gravée en entier ou en partie, au mépris des lois et règlements relatifs à la propriété des auteurs, est une contrefaçon, et toute contrefaçon est un délit. »

C'est cependant en présence de textes aussi précis que l'on soutient qu'il y a contrefaçon dans la reproduction d'un discours qui n'a jamais été *publié*, ni *imprimé, pas même écrit ; la parole seule!*

Certes, le texte est clair, cependant, et ne se prête à aucune ambiguïté d'interprétation, et il en résulte incontestablement que les législateurs de 1793 et de 1810 n'ont eu en vue qu'une *œuvre matérielle* sur laquelle l'auteur pût avoir le droit et la possession.

Quelques auteurs, sérieux cependant, ont reproché à notre système de s'attacher trop judaïquement aux mots ; ils ont demandé plaisamment si, parce que la loi ne parlait que *d'écrits* ou *d'imprimés*, il fallait en conclure que des ouvrages reproduits par l'autographie ou la lithographie étaient dénués de toute protection ! Ce n'est pas un argument, c'est une raillerie d'un goût contestable.

Le mot *écrit* est générique ; chacun sait la définition de

> . . . . Cet art ingénieux
> De fixer la parole et de parler aux yeux.

L'écrit, c'est la pensée fixée, et de quelque manière qu'elle le soit, c'est l'écrit. On n'écrit pas seulement avec la plume.

La pensée fixée, voilà ce que la loi de 1793, le règlement de 1810 et l'art. 425 du Code pénal ont voulu protéger, et nullement la parole abandonnée à toutes les infidélités de la mémoire.

Si la loi n'a pas reconnu le droit de propriété *à la parole seule*, c'est que la parole seule *ne constitue pas la propriété* et que, pour devenir quelque chose, il faut qu'elle soit complétée, et alors elle est *l'écrit*.

En voilà assez sur l'art. 1er de la loi du 19 juillet 1793 ; venons à l'art. 6, et voyons s'il est possible de le concilier avec les nouvelles exigences que l'on veut imposer à cette loi.

Cet article dit que *tout citoyen* qui mettra au jour un ouvrage, soit *de littérature* ou de gravure, *dans quelque genre que ce soit*, sera obligé d'en déposer, etc., *faute de quoi il ne pourra être admis en justice pour la poursuite des contrefacteurs.*

Rien de plus clair. Un citoyen qui met au jour un ouvrage de littérature, dans quelque genre que ce soit, est obligé d'en faire le dépôt, faute de quoi il n'a pas d'action en justice contre les contrefacteurs.

Nous convenons que le défaut de dépôt ne porte pas atteinte au droit de propriété; nous reconnaissons encore qu'il suffit que le dépôt précède la plainte. En échange, on ne peut contester que la plainte ne soit absolument non recevable, tant que le dépôt n'a pas été fait.

Ceci posé, nous disons à nos adversaires : Un sermon est sans aucun doute un ouvrage de littérature religieuse ; vous étiez donc soumis au dépôt. Vous n'avez pas rempli cette obligation ; donc, vous êtes non-recevables.

On nous répond qu'il y avait impossiblité matérielle, et en première instance on nous faisait remarquer que le législateur de 1793 a fait lui-même la part de ces impossibilités ; car tandis que, dans l'art. 1er, il parle des auteurs d'écrits, compositeurs de musique, peintres et dessinateurs, dans l'art. 6 il ne mentionne plus que les ouvrages de littérature ou de gravure ; enfin ce qui est imprimé ou gravé et peut être, par conséquent, tiré à plusieurs exemplaires.

Cela est vrai ; mais la loi que l'on invoque mentionne très expressément les ouvrages de littérature de tous genres dans l'art. 6, tout comme elle les avait mentionnés dans l'art. 1er. Il faut donc nécessairement conclure que les ouvrages de littérature, même les discours, ne peuvent pas échapper à la prescription de cet article.

Et alors, de deux choses l'une : ou bien il faut admettre que le législateur n'a pas cru à l'impossibilité matérielle du dépôt d'un discours non écrit, ce qui paraît peu vraisemblable ; ou bien qu'il ne s'est pas occupé de ces discours dans l'art. 6, parce qu'il ne s'en était pas occupé dans l'art. 1er de la loi. N'ayant jamais eu la pensée qu'ils pussent, à eux seuls, constituer une propriété, il n'a pas senti le besoin de les excepter de la règle générale qu'il écrivait dans l'art. 6.

En deux mots, l'art. 6 de la loi de 1793 est inapplicable aux discours, parce que l'art. 1er leur est également inapplicable ; et quand on veut, en étendant ces deux articles sur une sorte de lit de Procuste, alonger le premier et raccourcir le second, il est évident que c'est une loi que l'on demande et non une décision judiciaire.

Voyez la singularité ! On veut étendre le droit à la *parole*, et affranchir en même temps le droit de l'obligation imposée par la loi que l'on invoque.

On est frappé de l'impossibilité qu'il y aurait à remplir cette obligation, et, bien que cependant elle soit formelle, on ne veut pas en conclure que l'impossibilité remonte jusqu'au principe de la loi elle-même, qu'elle est inapplicable dans tous ses articles, ou que l'on n'a le droit de se soustraire à l'application d'aucun.

On veut choisir dans une loi, dans une loi pénale ! aussi, à chaque pas on se heurte contre des résultats impossibles.

Ainsi, l'orateur est affranchi de l'obligation du dépôt. Il se trouve, en dépit de la loi de 1793, un *ouvrage littéraire* pour lequel cette obligation n'existe pas : c'est bien ; mais comme l'auteur ne jouit pas de la même immunité, voici ce qui arrive. L'orateur a l'action ou justice contre les contrefacteurs, sans être tenu à aucun dépôt ; mais il ne l'a plus, s'il fait imprimer son discours.

Son droit n'est jamais plus complet, plus absolu et mieux affranchi de toute charge que lorsqu'il se réduit à une chose insusceptible de propriété. Est-ce logique ?

Que dirons-nous du préjudice que cause à l'orateur cette contrefaçon étrange d'une chose qui n'existe pas, d'un discours qui est mort en naissant ?

Le préjudice est l'élément nécessaire du délit de contrefaçon ; la loi du 17 juillet 1793 est une loi essentiellement commerciale, qui protége la propriété littéraire contre une concurrence de même nature qui en diminuerait la valeur. Quelle est donc la valeur industrielle d'un discours purement oral ? Comment la reproduction de ce discours par la sténographie peut-elle en diminuer la valeur ?

Il est possible, dit-on, que l'orateur fasse plus tard imprimer ses discours, et alors naîtra le préjudice. Attendez donc que le préjudice soit né ; car, si l'orateur ne fait pas imprimer ses discours, il n'y aura jamais de préjudice, et partant jamais de contrefaçon et de délit.

En matière pénale, connaît-on les délits éventuels et incertains ? Est-il permis de les punir d'avance, *par provision ?*

Et la preuve, comment l'établira-t-on ?

La contrefaçon est un délit d'une nature toute particulière : pour le constater, il faut de toute nécessité une pièce de comparaison.

La loi de 1793 est parfaitement logique et conséquente avec elle-même : comme elle n'admet la contrefaçon qu'à l'égard d'une chose matérielle, telle qu'un *écrit,* un *tableau,* etc., la pièce de comparaison existe toujours ; mais quand on veut étendre les dispositions de cette loi jusqu'à une chose impalpable, *immatérielle,* ne voit-on pas que l'on bouleverse toute l'économie de la loi et que l'on marche à l'impossible ?

« La contrefaçon, dit Etienne Blanc, se reconnaît à deux carac-
» tères essentiels, dont la réunion est indispensable et suffit pour
» constituer le délit. Il faut qu'il y ait reproduction totale ou par-
» tielle sans le consentement de l'auteur, et que cette reproduction
» soit de nature à porter préjudice à son droit exclusif. (page 188) »

Comment juger que la reproduction est totale, si l'on ne peut comparer l'œuvre du contrefacteur avec l'œuvre prétendue contrefaite ? Comment savoir si la reproduction partielle est, ou non, de nature à porter préjudice aux droits de l'auteur, quand le point nécessaire de comparaison manque absolument ?

Aussi Dalloz, le savant et judicieux Dalloz, se refuse-t-il à admettre cette extension de la loi ; il ne comprend pas qu'il puisse y avoir de contrefaçon, quand on ne peut pas produire de type contrefait. Evidemment Dalloz en est resté à la pensée des législateurs de 1793 et de 1810, n'a-t-il pas eu raison?

Voyez d'ailleurs ce qu'il arrive, quand on veut chercher dans un écrit une contrefaçon à la parole. En 1845, le R. P. Lacordaire poursuit en justice le journal des *Prédicateurs*; mais là où il a vu une contrefaçon, deux juridictions s'accordent à n'en trouver aucune; l'une y voit des fragments, l'autre une analyse. Deux fois condamné, le R. P. Lacordaire n'en persiste pas moins, et par deux fois il y revient dans sa *Note à consulter* (page 2 et 7.); il affirme que les juges de première instance et d'appel ont été dupes d'un *déguisement*, de quelques *précautions dérisoires*!

Voilà où l'on arrive quand à la propriété de l'écrit on veut, contre le droit et la raison, ajouter celle de la *parole*. Le terrain assuré de la loi de 1793 échappe à la fois aux plaideurs et aux juges; les uns et les autres en sont réduits aux conjectures, et celles du plaideur protestent encore après six ans contre celles de la justice.

L'impossibilité d'avoir des preuves a frappé jusqu'à l'auteur de la *Note à consulter*, et il propose sérieusement de suppléer à ces preuves par le serment que tous les plaignants sont, dit-il, prêts à prêter. (Page 7.)

Des plaignants se déférant à eux-mêmes le serment décisoire!

Une condamnation correctionnelle motivée sur le serment de la partie civile !

Cela se comprend-il, et ne voit-on pas où cela mène!

Enfin, ne voit-on pas clairement, par les preuves mêmes auxquelles on en est réduit, que l'on est tout-à-fait en dehors de la loi de 1793, et que l'on cherche à appliquer une loi qui n'existe pas?

En résumé, la loi de 1793 a reconnu la propriété de l'écrit; elle n'a pas reconnu celle de la parole; il a semblé au législateur que la parole ne pouvait pas à elle seule constituer une propriété.

Les conditions de la loi, les charges qu'elle impose, tous ses détails enfin, sont exclusifs de cette prétendue propriété et inconciliables avec elle.

Pour reconnaître la propriété de la parole et régler les conditions particulières auxquelles elle doit être soumise, ce n'est pas un arrêt qu'il faut, c'est une loi. C'est l'œuvre du législateur et non celle du juge. Ce n'est pas aux tribunaux que devaient s'adresser nos adversaires.

Quand la loi est muette, le juge ne peut pas condamner ; il ne le peut pas davantage, quand la loi est douteuse ou équivoque.

La loi civile et la loi pénale imposent au magistrat des devoirs d'une nature toute différente.

Au civil, il doit interpréter la loi, en résoudre les doutes, en éclaircir les équivoques. Il peut même, en s'inspirant de l'esprit de la loi, ajouter à son texte quand il est insuffisant ou obscur. *Quod legibus omissum est non omittetur religione judicantis.*

Mais le juge criminel a d'autres devoirs à remplir. Il ne doit rien ajouter à la loi, il ne doit pas vouloir être plus sage qu'elle.

Les incertitudes, les doutes, les obscurités de la loi pénale doivent toujours profiter aux prévenus. Dès qu'il surgit un doute soit sur le fait, soit sur la loi, la boule de Minerve tombe d'elle-même dans l'urne et fait pencher la balance vers l'absolution.

Le juge criminel n'est pas le maître de la loi, il en est l'esclave, et sa gloire est dans sa fidélité.

DEUXIÈME PARTIE.

QUE, DANS TOUS LES CAS, L'ORATEUR QUI DOIT SA PAROLE AU PUBLIC N'EN EST PAS LE MAITRE ET NE PEUT PRÉTENDRE SUR ELLE A AUCUN DROIT DE PROPRIÉTÉ.

Devoir est exclusif de posséder. On est dépositaire de ce que l'on doit, on n'en est pas propriétaire.

Comme toute autre chose, la parole peut être soumise à une obligation et devenir une dette. Cette dette peut être le résultat d'un contrat ou d'un devoir ; mais que ce soit par contrat ou par devoir, elle n'en est pas moins une dette, et quand le débiteur paie, il ne fait pas acte de propriété, il se libère.

Si l'on suppose un homme qui se soit engagé à prix d'argent à professer une science non-seulement dans un cours, mais sur la place publique ; qui ait aliéné sa pensée et sa parole à ce point qu'il soit bien entendu qu'il est obligé de la donner à tous et en tous lieux ; il sera bien certain que cet homme n'est pas propriétaire de sa parole, qu'elle appartient à tous ceux qui l'entendent ou qui peuvent la connaître, et que ceux qui contribuent à la répandre l'aident à payer sa dette.

Ce que l'on peut aliéner à prix d'argent, on peut sans doute l'engager à l'accomplissement d'un devoir, et dans l'une comme dans l'autre hypothèse, le dépouillement est certain, on cesse d'être propriétaire.

C'est bien là non-seulement ce qu'enseignent le droit et la raison ; mais encore ce que la doctrine et la jurisprudence ont formellement consacré.

On se rappelle que ce sont les professeurs qui, les premiers, ont réclamé au profit de leurs cours oraux l'assimilation de la *parole* à l'*écrit*.

On leur faisait deux objections : on contestait d'abord que la loi du 19 juillet 1793 fût applicable à la parole ; c'était là, d'après nous, le véritable terrain du combat, et si la défense y eût concentré toutes ses forces, il est permis d'espérer qu'elle eût obtenu une meilleure fortune. La seconde objection, sur laquelle on insista malheureusement trop et qui devint, au grand détriment du droit, le point culminant de la question, était celle-ci : les professeurs sont payés pour professer, ils ont un titre, un grade, et reçoivent un salaire, leur parole ne leur appartient donc pas, ils l'ont aliénée au profit du public.

Les professeurs ne contestaient ni le fait, ni le principe, mais ils s'efforçaient de les retenir dans de justes limites. Ils étaient payés pour professer, disaient-ils ; mais professer, c'est enseigner une science dans l'enceinte d'une école, ce n'est pas parler au dehors. Ils convenaient qu'ils avaient aliéné la propriété de leur parole, mais seulement au profit d'un public spécial et restreint, et non point au profit de tout le monde.

Ils obtinrent gain de cause ; mais nous constatons qu'il fut avoué par eux et reconnu par la justice qu'ils n'auraient eu aucun droit, si le devoir que leur imposaient leurs fonctions les eût obligés à parler à tout le monde et pour tout le monde, sans limite de temps ni de lieux.

C'est dans ce sens aussi que le droit des professeurs a été admis par la doctrine. Renouard, cité dans la Consultation, page 15, s'exprime ainsi :

« Ce que le professeur doit à sa mission et au public, c'est sa
» leçon ; il est quitte envers son devoir lorsqu'il l'a donnée. Un
» salaire n'était promis qu'à son enseignement et à sa parole : ce
» qui reste après cette parole émise lui demeure propre. Il n'en est
» pas de la leçon comme *du discours qui a préparé une loi, comme*
» *du plaidoyer qui a préparé un arrêt ;* aucune œuvre publique ne
» s'y vient identifier, et tout l'effet de l'enseignement est accompli,
» lorsque chaque personne admise à l'entendre a emporté avec
» elle l'impression qu'elle a éprouvée, l'exemple qui lui a été
» donné, l'instruction qui lui a été communiquée, les notes
» qu'elle a recueillies. »

Prenez la thèse contraire : supposez que ce devoir n'avait pas de limites, et vous arriverez nécessairement à la conclusion que l'orateur n'a jamais eu la propriété de sa parole.

Consultez les arrêts ; celui du 27 août 1828, cité au Mémoire , page 17 :

« Considérant . . . . . . que sans doute un professenr doit à
» ses élèves dans son cours le tribut de ses études, de ses travaux,
» de ses méditations; mais qu'il ne les leur doit que pour leur
» instruction personnelle et non pour qu'ils puissent s'en em-
» parer; etc. »

Et cet autre arrêt de la Cour de Paris du 18 juillet 1840 , encore plus explicite :

« Attendu que le salaire qu'il reçoit de l'Etat ne peut pas don-
» ner à ses auditeurs le droit de reproduire les leçons par la
» voie de la presse, pour les vendre ensuite à son profit;

» Qu'en effet, ce salaire ne doit être considéré que comme la
» juste rémunération de l'obligation qu'il a contractée de faire un
» cours et du temps qu'il est obligé d'y consacrer;

» *Que vouloir y voir le prix de la propriété même de ses leçons*
» *serait donner au contrat qui se forme entre le professeur et l'État*
» *une extension qu'il ne comporte pas.* »

Donc, si le contrat comportait cette extension, la propriété des leçons n'appartiéndrait pas au professeur, elle serait au public.

Le principe est donc certain. Si la parole est une propriété, cette propriété peut être aliénée comme toutes les autres; elle peut cesser d'être à l'orateur et ne plus appartenir qu'à la fonction, et par elle au public tout entier.

N'est-ce pas là aussi le principe de la loi anglaise de 1835, citée par la Consultation, page 16, qui, tout en garantissant à l'auteur d'une œuvre oralement émise un droit exclusif, excepte formellement de ce bénéfice les œuvres oralement émises dans une université, une école, ou un collége public, ou dans une fondation publique, ou par des personnes *qui y seraient obligées* en vertu d'une donation, vente ou fondation ?

Cette loi ne dit-elle pas clairement que lorsqu'un orateur *est obligé* de parler, sa parole ne lui appartient pas, et qu'il ne saurait avoir sur elle aucun droit de propriété.

Voyons maintenant s'il y a en France des fonctions qui puissent absorber à ce point la propriété de la parole.

Il y a, si nous ne nous abusons, les fonctions du ministère public, celles d'avocat et de député; il y avait encore celles de pair de France sous le dernier gouvernement monarchique.

On a remarqué, sans doute, cette phrase du passage de Renouard cité plus haut : *Il n'en est pas de la leçon comme du discours qui a préparé une loi, comme du plaidoyer qui a préparé un arrêt* : l'auteur indique par là que les discours et les plaidoyers ne sont pas la propriété des orateurs, mais celle du public.

A un autre endroit de son livre il s'exprime ainsi : « Je pense
» qu'il doit en être de même des plaidoyers, des mémoires et
» consultations distribués dans une cause et non prononcés à
» l'audience :
» La nécessité de maintenir dans toute son extension la publi-
» cité judiciaire, me porte à croire que les plaidoyers n'appartien-
» nent ni à l'avocat, ni au plaideur, mais au domaine public,
» comme les jugements et arrêts dont ils sont la préparation. »
(Renouard, tome 2, page 144).

L'avocat a donc aliéné la propriété de sa parole à la justice, qui lui a fait l'honneur de l'accepter.

Ce qui est vrai pour l'avocat est bien plus vrai encore pour le ministère public, qui parle au nom de la société et dont la parole appartient nécessairement à tout le monde, et encore plus incontesté pour les orateurs politiques.

Voici sur ce point comment M. Renouard s'exprime :

« Les discours prononcés dans les chambres législatives appar-
» tiennent-ils au domaine public ? ou bien, existe-t-il au profit de

» leurs auteurs des droits exclusifs quelconques sur leur publication?

» Je pense que ces discours ne sont aucunement susceptibles de
» privilége.

» C'est dans une qualité publique et pour répondre aux devoirs
» de sa fonction que l'orateur a parlé.

» Ses paroles appartiennent au pays dont il est le mandataire.

» La faculté indéfinie d'impression est une conséquence de
» la publicité des discussions législatives. » (Renouard, tome 2,
page 140).

Plus bas :

« Me portent à considérer comme acquise au public la collec-
» tion du discours de l'orateur, dont chacun des discours pris à
» part ne peut pas ne pas appartenir au public.

» *Ce n'a pas été pour tirer un profit pécuniaire de ses travaux*
» *d'écrivain, que l'orateur a été envoyé à la tribune.*» (Page 142-143).

A la place de *la tribune* mettez *la chaire* et concluez !

Voilà donc qui est bien certain. L'orateur politique, le magistrat,
membre du ministère public, l'avocat n'ont aucun droit sur leurs
paroles; elles appartiennent au public, et le public s'en empare
quand il veut et comme il veut; leur autorisation est inutile et
leur défense ne serait pas écoutée.

Si le professeur n'est salarié que pour l'enceinte de l'école, eux
sont salariés pour toute l'étendue de la société; leur salaire, c'est
surtout le devoir et l'honneur.

La publicité de leur parole doit avoir l'ampleur et l'étendue
des intérêts sociaux au nom desquels ils parlent. Elle n'est pas
emprisonnée dans des murs, elle ne peut être retenue captive par
aucun intérêt, elle doit aller librement partout où s'agite la politique, partout où l'on a besoin de justice.

Si cela est vrai des hommes qui, dans leurs plus nobles fonctions,
ne s'occupent cependant encore que des intérêts de la terre, que
dirons-nous des prédicateurs qui parlent pour le ciel ?

Leur parole n'est-elle enchaînée à aucun devoir, en sont-ils les maîtres, ne la doivent-ils à personne? Questions étranges après ce que nous venons de dire; car si le magistrat, l'orateur, l'avocat ont abdiqué tout droit sur leur parole en vue des grands intérêts à la défense desquels leur parole est nécessaire, comment comprendre que le prêtre puisse avoir moins de renoncement qu'eux? question qu'il faut cependant discuter sérieusement, car elle est tout le procès.

La question est donc de savoir si les paroles que le prêtre prononce du haut de la chaire sont sa propriété; s'il a sur sa parole le privilége qui est refusé à l'avocat et à l'orateur?

La Cour de Lyon, dans son arrêt de 1845, cité par la Consultation, a commis une étrange erreur qui n'a pas peu contribué à égarer ceux qui, après elle, ont traité cette question ; elle n'a vu le devoir du prédicateur que dans l'impression de ses œuvres : « Attendu que, si l'impression de ces prédications peut être quel- » quefois pour le prêtre un devoir moral, ce n'est jamais qu'un » devoir facultatif dont la conscience seule est l'arbitre. » La question n'est pas là.

La question est de savoir si le sermon que le prêtre prononce est sa propriété, s'il a sur sa parole le privilége qui est refusé à l'orateur et à l'avocat.

S'il a ce privilége, s'il a sur son sermon le droit du maître, il est certain qu'il peut en faire ce qu'il veut; si, au contraire, il n'a pas ce droit, son discours alors appartient à tout le monde, comme le discours de l'orateur, et il ne peut empêcher personne de s'en emparer.

La question est donc le droit de propriété sur le discours et cette question se résout en une autre, celle de savoir quel est le devoir du prêtre. Si le prêtre doit son sermon à tous les fidèles, comme l'orateur doit son discours à tous les citoyens, il est évi-

dent qu'en prêchant il paie une dette et ne se crée pas une propriété.

Or, le devoir est-il douteux ? La prédication étant de l'essence
du sacerdoce, le prêtre doit porter la parole de Dieu non-seulement dans les basiliques, mais de chaumière en chaumière ; enseigner la foi partout l'univers, voilà sa mission.

La parole catholique, cette parole universelle comme la lumière
du soleil, nécessaire comme l'air qu'on respire, Dieu l'a donnée
gratuitement à ses apôtres, non pour en faire des œuvres acadé-
mi-
ques, mais pour qu'ils la donnassent à tous, qu'ils la jetassent aux
quatre vents du ciel. Saint Paul voulait voir cette parole *croître de
toute manière, se répandre par tous les moyens, même à son propre
détriment.*

Le prêtre qui remplit ce devoir n'est-il pas au moins dans la
même situation que le député qui remplit le sien ? La mission du
prêtre n'est-elle pas au-dessus du mandat du député, comme le
ciel est au-dessus de la terre ? Comment donc le prêtre resterait-il
le propriétaire de son sermon , quand le député n'est pas propriétaire de son discours ?

Il est à remarquer que nos respectables adversaires ne nient
point ce devoir ; ainsi l'illustre auteur de la *Note à consulter* dit,
page 5 : « Le prêtre est prêtre avant tout ; il se doit au bien , à la
» vérité, au règne de Dieu sur les hommes. Cependant, *son devoir
» accompli* par la parole, il ne lui est pas interdit d'élever cette pa-
» role à l'immortalité du style écrit. »

Mais quand donc le devoir est-il accompli ? C'est assurément
quand tous les fidèles ont entendu la parole.

Si tout le monde chrétien pouvait tenir dans une seule cathé-
drale, le R. P. Lacordaire aurait peut-être raison ; mais en est-il
ainsi ? Le précepte de saint Paul n'enjoint-il pas au prêtre d'aller
évangéliser de demeure en demeure, et tant qu'il reste une âme,

une seule âme éloignée de Dieu et qui n'a pas entendu la parole, le devoir est-il accompli ?

Et celui qui, recueillant la parole, la porte dans tous les foyers, la fait pénétrer partout, celui-là assurément ne vole pas le prêtre; loin de là, il lui vient en aide pour l'accomplissement de son devoir.

Notre éminent adversaire n'apprécie pas avec exactitude toutes les conséquences de ce devoir; mais il reconnaît le *devoir*, et cet aveu suffit à notre cause, car on ne saurait comprendre comment le droit de propriété, qui est un droit jaloux et absolu, pourrait s'exercer sur une chose qui serait soumise à un devoir absolu et impérieux. Devoir et droit s'excluent.

Le savant auteur de la Consultation ne conteste pas le devoir : « Le prêtre, dit-il, a des devoirs envers Dieu, envers ses supé- » rieurs, *envers les fidèles*, envers lui-même (page 11). »

Mais il objecte, d'abord, que si le prêtre manque à ses devoirs, ce n'est pas aux tribunaux qu'est confié le soin de l'y ramener ou de l'en punir, et en second lieu (page 14), qu'il n'y a pas de convention expresse ou tacite en vertu de laquelle chaque auditeur puisse se prétendre propriétaire du sermon qu'il a entendu.

Rien de moins embarrassant que ces objections.

D'abord, il n'est nullement question de punir le prêtre ou de le ramener à ses devoirs; grâce au ciel, nous ne nous occupons de rien de semblable : il s'agit uniquement d'apprécier un droit de propriété et rien de plus.

Si nous parlons du devoir, ce n'est pas pour dire qu'on y ait manqué. Loin de là; l'éclatante renommée de nos adversaires, le procès actuel lui-même, prouvent qu'ils ont rempli ce devoir avec un zèle et un talent qui leur ont conquis l'admiration du monde catholique. Nous voulons dire seulement que ce n'est pas une propriété, parce que c'est un devoir, et les tribunaux sont parfaitement compétents pour le décider; ils peuvent le faire d'un sermon comme ils le feraient d'un discours politique.

Quant à la convention, elle existe : elle n'est pas tacite, elle est expresse ; c'est un contrat formel, un contrat sacré. Il y a plus : il a un ordre divin, un devoir imposé au prêtre au moment de son ordination et par lui solennellement accepté.

Trouverait-on par hasard que la convention qui lie le député à ses commettants soit plus formelle et plus sacrée ? Cependant, personne ne nie cette convention ; chacun accorde que le député n'est pas le propriétaire de ses discours !

Il faut donc renoncer à toute logique, ou bien, il faut reconnaître que cette propriété littéraire, que l'on veut faire naître de la parole, n'appartient pas et ne peut pas appartenir au prêtre ; elle est la propriété de tous les fidèles.

Jusqu'à présent nous avons comparé le prédicateur à l'orateur profane : quelle différence cependant !

Le prédicateur prêche l'Évangile, la parole de Dieu ! Comment l'Évangile pourrait-il cesser d'être le bien de tous, pour n'être plus que la propriété d'un seul ?

Nous le comprenons des sciences profanes, car elles ne sont pour aucun homme d'un intérêt éternel et d'un besoin absolu ; mais l'Évangile !

Le prédicateur sait-il si son discours, poussé par le souffle de Dieu, n'ira pas par le monde réveiller une âme endormie dans l'indifférence ou en éclairer une autre plongée dans les ténèbres de l'irréligion ?

Quel intérêt pourrait être pour lui au-dessus de cette espérance ?

D'ailleurs, quel est le fondement de son œuvre littéraire ? n'est-ce pas une chose qui ne peut lui appartenir ? N'est-ce pas le premier de ces biens spirituels qui sont communs entre tous les fidèles, la parole divine ?

On n'en disconvient pas, mais on dit que le prédicateur a donné à cette parole une certaine forme qui est son œuvre : le travail de son intelligence et sur laquelle reposent tous ses droits de propriété.

Cela est-il sérieux ? l'Évangile est-il donc l'accessoire, et la forme oratoire le principal ?

L'Évangile serait donc à un sermon ce que le marbre est à la statue, la toile au tableau, un accessoire nécessaire il est vrai, mais qui doit toute sa valeur au talent de l'artiste ! ! !

D'ailleurs, quand le fond, l'essence, la vérité religieuse appartiennent à tous et sont d'ordre divin, comment peut-on se préoccuper de la forme ?

Ne sommes-nous pas autorisés mille fois à dire au prêtre : Vous nous devez la vérité religieuse ; pour nous la donner, il faut bien que vous la revêtiez d'une forme ; cette forme ne vous appartient pas plus que la vérité elle-même, et si Dieu vous a donné le génie pour annoncer sa parole, vous nous devez aussi le génie.

Certes, en consacrant au service de Dieu de si magnifiques trésors d'intelligence, nos illustres adversaires ont fait un sacrifice que Dieu seul peut dignement reconnaître ; mais c'est à lui aussi qu'ils l'ont fait, et leur récompense n'est pas de ce monde.

Voyons maintenant, avant de terminer, quel est le mérite des diverses objections qui font toute la force du système de nos adversaires, et d'abord celle qui repose sur les prétendues altérations qui nous sont reprochées.

Elles sont de deux sortes, et, bien qu'elles semblent s'exclure, nos adversaires affirment qu'elles se concilient parfaitement. Les voici toutes deux : *la sténographie rend inexactement les discours; la sténographie rend trop exactement les discours.* Voici les deux textes :

« Or, les sténographes qui recueillent les discours de la chaire,
» ignorent la théologie et la valeur des expressions dont elle a
» formé son langage propre; ils sont sujets à les omettre, à les
» dénaturer, à les mal placer, et d'autant plus sujets à ces défauts

»-que, gênés pour l'ouïe dans un auditoire souvent immense,
» ils ne suivent qu'avec peine la rapidité et la véhémence d'un
» prédicateur. (*Note à consulter*, page 3).

» Faut-il que les spéculateurs de la presse, non par office de
» surveillance civile, mais par besoin d'une proie pour un trafic,
» viennent épier les élans du prêtre, ses naïvetés, ses fautes de
» langage, ses pauvretés oratoires, ses répétitions, et livrent ensuite
» ces épanchements domestiques et sacrés à la curiosité des uns,
» à la méchanceté des autres, à la profanation de tous? » (*Note à
consulter*, pages 5 et 6).

Nous ne sommes pas assez exacts et nous sommes trop exacts,
voilà le double reproche que l'on nous adresse.

Eh bien ! supposons que ces reproches soient fondés, qu'en
concluez-vous ?

Faites-vous sortir de là un droit de propriété en faveur des prédicateurs? Expliquez-nous par quel prodige de logique vous arrivez
à fonder le droit de propriété des prédicateurs sur les erreurs ou
les écarts de la sténographie.

Cela est-il possible? Si, comme nous l'avons démontré, les prédicateurs n'ont aucun droit de propriété sur leurs sermons, comment les erreurs, les abus même de la sténographie pourraient-ils
leur donner ce droit ?

Tirez-vous de ces inconvénients, de ces abus, la conséquence
qu'il faut régler la sténographie, la soumettre dans un intérêt public à de certaines conditions de surveillance? Soit ! mais alors
demandez une loi; adressez-vous au législateur avant de vous
adresser au juge.

Ces reproches sont donc tout-à-fait en dehors du procès actuel
dans lequel il s'agit d'une question de propriété et nullement des
vices de la sténographie.

Nous pourrions nous contenter de cette réponse, mais nous
avons un grand intérêt à faire voir que ces reproches sont dénués

de tout fondement sérieux, et nous nous croyons en droit de dire à nos adversaires :

« Vous craignez que nous ne vous fassions dire des hérésies. Mais où sont-elles ces hérésies ? La meilleure preuve qu'il n'en existe pas, c'est que votre avocat n'en a pas cité une seule.

« Des hérésies ! des erreurs contre le dogme ou la morale ! Mais si nous en avions répandu dans notre recueil, depuis six ans qu'il se publie, les prêtres, nos abonnés, auraient poussé le cri d'alarme : leurs plaintes seraient parvenues à l'*Épiscopat*, et les évêques, gardiens de la foi, auraient fait entendre leurs voix infaillibles. Quelques fautes typographiques, fautes sans importance, qui s'expliquent par les *antécédents* et les *subséquents*, voilà tout ce que vous pourriez trouver dans notre recueil — cela suffirait-il pour crier à l'hérésie, et un danger possible est-ce un crime suffisant pour légitimer tant de colères ?

« Mais si votre zèle est si vivement alarmé, venez faire ce que vous enviez au *Moniteur politique*, revoyez vos discours. Vous a-t-on refusé d'en corriger les épreuves ? Si ce travail vous paraît trop dur, si vous voulez nous le laisser tout entier, vous avez un moyen de vous ôter la responsabilité de notre œuvre : déclarez que vous nous la laissez tout entière et que vous ne répondez ni des fautes, ni des erreurs qui pourraient se trouver dans les textes que nous imprimons. Cette déclaration, nous l'avons déjà faite plusieurs fois à nos abonnés (1). »

Nous ajoutons que les sténographes ne sont pas tout-à-fait aussi ignorants de la science théologique qu'on le suppose, ceux surtout qui, depuis près de dix années, recueillent des sermons ; mais le fussent-ils, chaque journal n'a-t-il pas son comité de rédaction composé d'ecclésiastiques, qui eux, du moins, n'ignorent pas ce langage ?

---

(1) Réponse du directeur de la *Tribune Sacrée*, livraison de janvier 1852.

Enfin, nos illustres adversaires n'oublient-ils pas un peu trop à quel public sont destinées les feuilles qu'ils attaquent? Public tout spécial, éminemment digne de respect et qui, certes, n'ignore ni la théologie, ni la valeur des expressions dont elle a formé son langage propre ; car c'est le clergé lui-même.

En effet, les trois journaux attaqués comptent environ 4,000 abonnés, parmi lesquels tout au plus 150 laïques ; les autres sont des prêtres, curés, chanoines, directeurs de grands et de petits sé-minaires, grands-vicaires, des évêques et archevêques.

A qui persuadera-t-on que ce public vénérable, et dont le zèle pour la foi ne saurait être mis en doute, soutient des journaux dans lesquels les vérités de la religion seraient altérées?

A qui persuadera-t-on que des journaux dont toute la fortune est, comme on le voit, dans les mains du clergé, puissent se laisser aller à des infidélités ou à des négligences de nature à porter la moindre atteinte à la foi?

L'intérêt du journal, intérêt de vie ou de mort, n'est-il pas la meilleure garantie?

Les vertus et la foi du public, à qui ce journal s'adresse et qui peuvent le faire vivre ou mourir, permettent-elles de croire à quelques dangers sérieux?

Faut-il encore des témoignages plus directs? Voici la lettre que feu M. Augé, de vénérée mémoire, écrivait au directeur de la *Chaire catholique*.

Nommer M. Augé, ancien grand-vicaire du diocèse de Paris, c'est nommer la vertu et la foi elles-mêmes :

A M. le propriétaire directeur de la *Chaire catholique.*

« Le 21 octobre 1844.

« Monsieur,

» La *Chaire catholique* est bien certainement une bonne idée, une pieuse fondation, et je vous félicite de l'acquisition que vous venez d'en faire ; car il fallait à la tête de cette Revue un homme de conscience, de savoir et de charité, pour la mettre dans une bonne voie. Suivez donc les impulsions de votre cœur; surveillez avec la plus scrupuleuse attention les travaux de vos collaborateurs, et le grand enseignement chrétien aura enfin un organe régulier pour propager autant que possible les éternelles vérités de notre sainte religion, en donnant un plus large retentissement à la voix de ses ministres. Réalisez les diverses améliorations que vous m'avez communiquées, et le concours de tout le clergé et des personnes pieuses vous est assuré. Quant à moi, je m'associe pleinement à la pensée de votre publication; toute ma vie, cependant, j'ai voulu me tenir loin des œuvres collectives. Les responsabilités indéterminées ont toujours alarmé ma conscience, surtout lorsqu'il s'agit de cet intérêt si délicat, si sacré, la religion! Je connais votre sollicitude, votre dévouement pour tout ce qui touche au dogme et à la morale de l'Église; je suis persuadé que vous vous montrerez constamment digne de la grande mission que vous entreprenez. C'est dans cette certitude que je vous ai offert et que je vous renouvelle tous mes vœux pour la prospérité de votre publication.

» Agréez, etc.

» AUGÉ, prêtre. »[1]

« *P. S.* Afin de vous donner une preuve de mes bonnes intentions, je vous envoie, adjoint à la présente, le sermon que je vous ai promis avant-hier, sur l'*Immaculée Conception*; j'y tenais d'autant plus que c'est un des premiers que j'ai prononcés. »

M. Augé appelle *une bonne idée, une pieuse fondation*, ce que nos adversaires qualifient *trafic, industrie déplorable!* De quel côté est la vérité, de quel côté la justice?

Il nous félicite de donner au grand enseignement chrétien un organe régulier *pour propager autant que possible les éternelles vérités de notre sainte religion, en donnant un plus large retentissement à la voix de ses ministres.* Cette propagande de vérité et de salut on veut l'arrêter; ce retentissement, on veut l'éteindre.

Ce saint et imposant témoignage ne suffit-il pas? Nous pouvons y ajouter celui d'un prince de l'Église.

En tête de la première livraison, tome II, année 1849, de la *Chaire catholique*, journal anglais, fondé à Londres en 1848, nous lisons ceci :

« Nous ne pouvons trop vivement remercier les membres du clergé en général pour les marques de sympathies qu'ils nous ont constamment données. Aucune langue ne pourrait exprimer nos sentiments de gratitude envers le révérend docteur Wiseman ȼ maintenant évêque de Westminster), qui, d'un cœur vraiment paternel, patronise et bénit toute entreprise catholique qui a pour objet la gloire de Dieu et le salut des âmes. »

Voici enfin comment le souverain-pontife parle de cette *déplorable industrie* si sévèrement traitée par nos adversaires.

Traduction du bref de Sa Sainteté Pie IX aux éditeurs de la CHAIRE CATHOLIQUE.

« A notre cher fils François Milanta, missionnaire apostolique.

» A notre fils bien-aimé, santé et notre bénédiction apostolique.

» Nous avons reçu, cher fils bien-aimé, votre lettre datée du 14 du mois dernier, à laquelle était joint un exemplaire d'une publication périodique, intitulée la *Chaire catholique*, commencée vers la fin de l'année qui vient d'expirer. Quoique nous ne soyons pas assez familier avec la langue anglaise pour en apprécier le contenu, nous n'en sommes pas moins sensible à l'hommage que vous avez désiré nous faire.

» Votre dessein, dites-vous, est de répandre à profusion, de tous côtés et au loin, la parole de vérité et de paix parmi les chrétiens. Il n'est que trop juste, fils bien-aimé, que nous vous aidions et que nous vous encouragions, par les éloges les plus mérités, à accomplir le but de vos travaux. C'est pourquoi nous vous bénissons de tout notre cœur et nous prions Dieu de daigner assister de son puissant secours et de sa grâce céleste vous et tous ceux qui coopèrent à cette œuvre.

» C'est donc pour leur donner et à vous, cher fils, un témoignage de notre amour paternel, que nous accordons à vous tous notre bénédiction apostolique du plus profond de notre cœur.

» Donné à Gaëte le 10 janvier 1849 et la troisième année de notre pontificat. »

Il n'y a donc pas dans nos reproductions tous les dangers que l'illustre auteur de la Note à consulter signale à l'attention publique.

D'ailleurs, s'il y a des inconvénients, graves ou non, attachés à la libre reproduction des discours de la chaire, n'est-ce pas à la loi seule qu'il appartient d'y pourvoir? Est-ce là procès? Le droit et la raison peuvent-ils permettre de conclure d'un inconvénient ou d'un abus à un droit de propriété.

Nous nous résumons en deux mots :

La parole seule n'est pas constitutive de propriété, parce qu'elle est insusceptible de possession.

Si la parole pouvait constituer une propriété, ce serait tout au plus la parole libre; ce ne serait jamais la parole qui est enchaînée à un devoir absolu et qui se doit à l'humanité tout entière.

La parole qui se doit ne peut pas être *une propriété exclusive.* Elle est, comme l'Evangile, comme la parole de Dieu, le bien de tous.

La parole du prêtre n'est pas une chose de la terre, c'est un bien du ciel.

Paris, 27 avril 1852.

G. DE LABOULIE,

Avocat.

N° 1.

RÉPONSE

DU DIRECTEUR DE LA TRIBUNE SACRÉE

A LA PROTESTATION DE PLUSIEURS PRÉDICATEURS RELATIVE A LA REPRODUCTION DE LEURS SERMONS.

Les prédicateurs dont les noms suivent ont signé une protestation qui a paru dans plusieurs journaux, et dont nos lecteurs ont sans doute eu connaissance.

Les signataires sont :

« L. Bautain, vic.-gén. prom. ; Duguerry, curé de la Madeleine ; Ch. Deplace, chan. de Paris ; Fr. Henri-Dominique Lacordaire, prov. des Fr.-Préch. ; A. Lavigne, S. J. ; A. Lefebvre, S. J. ; Le Courtier, archiprêtre de N.-D. ; X. de Ravignan, S. J. ; Fr. Bernard Roussot, des Fr.-Prêch. ; Fr. Dominique Souaillard, des Fr.-Prêcheurs. »

Deux questions se présentent, — la question de droit et la question de fait.

Quant à la question de droit, voici en quels termes elle a été résolue le 27 juin 1846.

A la suite de poursuites intentées par *Sagnier* et *Bray*, libraires, rue des Sts-Pères, éditeurs des conférences du père *Lacordaire*, contre *Boiste de Richemont*, directeur du *Journal des Prédicateurs*, le jugement suivant fut rendu.

M. Mongis, remplissant les fonctions de ministère public, donna ses conclusions en ces termes :

« Attendu qu'il s'agit non pas d'un livre reproduit, mais d'une parole prise au » vol, pour ainsi dire, en public et répétée au public pour lequel elle a été faite ; » que la reproduction en a été faite par un organe périodique de publicité » (*l'Univers*) ; en conséquence, le ministère public conclut à ce que Sagnier et Bray » soient déclarés non recevables. »

Le tribunal, conformément à ces conclusions du ministère public, rendit le jugement suivant :

« Attendu qu'aucune loi n'enlève au prêtre le droit légitime du produit maté-» riel des œuvres de sa plume et de sa parole ; — mais attendu que ce droit doit » se concilier avec les franchises de la presse périodique ;

» Qu'ici, loin qu'il s'agisse de la reproduction en corps d'ouvrage des prédica-» tions de l'abbé Lacordaire, le journal poursuivi n'a pas même donné ses prédi-» cations en entier ; par ces motifs, renvoie *Boiste de Richemont* des fins de la » plainte et condamne Sagnier et Bray aux dépens. »

Ce jugement fut confirmé en cour royale le 17 décembre même année.

En droit, la protestation n'est pas fondée ; — en fait, l'est-elle davantage ? non. Ici nous ne prenons que notre défense, bien entendu.

Les prêtres soussignés, est-il dit dans la protestation, qui, plus que d'autres, ont eu à souffrir de ces reproductions, déclarent que non-seulement ils y *sont étrangers*, mais qu'elles sont généralement *inexactes*, *défigurées*, et même *dénaturées* au point de compromettre dans l'opinion la pureté de leur *orthodoxie* et avec elle *l'autorité de leur mission*.

D'abord, parmi les dix signataires il en est *six* dont nous n'avons jamais imprimé une seule ligne, nous n'en avons jamais annoncé aucun comme collaborateur, et nous défions que l'on trouve dans la *Tribune sacrée* rien de contraire au dogme ou à la morale. Si les signataires de la protestation ont trouvé leur parole *dénaturée* au point de compromettre la pureté de leur *orthodoxie*, leur devoir est de signaler le recueil où ces erreurs se sont produites, et pour notre part nous nous empresserons de donner toutes les rectifications désirables.

Nous continuerons donc une œuvre qui n'est que la répercussion, de chaire en chaire, de la parole évangélique ; c'est notre droit, nous voulons que ce soit notre devoir. Pourrait-on jamais trop reproduire ce qui est bon, ce qui est beau, ce qui est vrai, ce qui est sublime quelquefois, toujours lorsque c'est la parole du P. Lacordaire, cette éloquence incarnée, qui se répand sur son auditoire comme la lave d'un volcan.

Cette réponse est du mois de mai 1851.

N° 2.

TRIBUNAL CORRECTIONNEL DE LA SEINE.

(8ᵉ Chambre)

PRÉSIDENCE DE M. LEGONIDEC.

« Attendu qu'il résulte des pièces du procès et des débats, que les prévenus ont inséré dans des écrits intitulés le *Journal des Prédicateurs*, la *Tribune sacrée*, l'*Enseignement catholique*, des discours prononcés par les plaignants dans diverses églises, savoir : par MM. de Ravignan, Lacordaire, Bautain, Deguerry, Deplace, etc.;

» Que ces discours, recueillis à l'aide de la sténographie, sont reproduits dans les ouvrages sus-désignés, non sous la forme d'analyse ou de compte-rendu, mais en entier, tels que l'orateur les a composés, sauf les erreurs ou les omissions provenant de l'imperfection du procédé employé pour les retenir ;

» Que les plaignants, loin d'avoir autorisé cette publication, avaient au contraire
invité formellement les prévenus à s'en abstenir;

» Attendu que toute production de l'esprit constitue, aux termes des art. 1er
et 7 de la loi du 19 juillet 1793, une véritable propriété au profit de l'auteur, de
ses héritiers ou ayant-cause ;

» Attendu que l'auteur, étant propriétaire de son œuvre, a le droit exclusif d'en
disposer, de l'imprimer, de la publier, de la vendre à son profit;

» Attendu que l'article 3 de la loi précitée confère aux auteurs ou à leurs ces-
sionnaires la faculté de faire saisir tous les exemplaires des éditions de leurs œuvres imprimées sans leur permission expresse ; que les art. 425 et 427 du Code
pénal, résumant les dispositions pénales contenues dans ladite loi et dans les articles 41 et suivants du décret du 5 février 1810, déclarent contrefaçon toute édition
d'écrits ou de toute autre production imprimée au mépris des lois sur la propriété littéraire ; que ces textes n'admettant aucune distinction entre les œuvres
imprimées et celles qui n'ont été manifestées que par la parole, on doit en conclure que les unes et les autres sont entourées de la même protection;

» Attendu que la formalité du dépôt prescrite par l'art. 6 de la loi de 1793, ne
pouvant être accomplie que pour les ouvrages imprimés, ne saurait être exigée pour
conserver la propriété des discours qui n'ont reçu de publicité qu'au moyen de la
parole, d'où la conséquence que la fin de non recevoir que les prévenus prétendent tirer de l'article précité n'est plus admissible;

» Que le sténographe est souvent obligé de rétablir, avec l'aide de sa mémoire et
de son imagination, un mot, une phrase, un passage plus ou moins considérable qu'un
accident ou l'imperfection de son art ou de ses organes lui a fait omettre ; que, cependant, dans des matières qui exigent de si profondes études, qui demandent à être
traitées avec tant de prudence, la substitution d'un mot à un autre, de la pensée d'un
homme ignorant à celle d'un homme de science, peut dénaturer le sens du discours et
donner lieu à des erreurs regrettables : qu'il peut arriver encore que, dans la chaleur
de l'improvisation, le ministre de l'Evangile se livre à des mouvements oratoires pro-
voqués, justifiés peut-être par les dispositions des auditeurs, mais qui seraient de
nature à blesser la délicatesse d'un lecteur de sang-froid ; que dans ces diverses
circonstances la publication textuelle du discours deviendrait une source de dangers
et de scandales, et produirait un résultat tout contraire à celui que se proposait le
prédicateur et que l'Eglise espérait de son talent ;

» Attendu que les orateurs de la chaire sont assurément fondés à se prévaloir,
comme tous les autres auteurs, des dispositions de la loi pour revendiquer le droit
exclusif d'imprimer et de vendre à leur profit les discours qu'ils ont composés, mais
qu'en outre, des considérations de l'ordre le plus élevé leur imposent l'obligation d'exercer ce droit dans l'intérêt même de la religion dont ils enseignent les dogmes et la
morale;

» Qu'il peut arriver, en effet, que dans une œuvre écrite, l'auteur le mieux pénétré de son sujet, s'il est pressé par le temps, laisse subsister des expressions inexactes et des propositions téméraires ;

« Que les mêmes défauts, à plus forte raison, se produiraient dans un discours improvisé ;

« Attendu que celui qui assiste au sermon d'un prédicateur, à la leçon d'un professeur des sciences, profite de la parole du prêtre et du savant, en ce sens qu'il peut en conserver le souvenir, la méditer, l'appliquer à ce qui le concerne, même en communiquer la substance, mais qu'il n'acquiert aucun droit de propriété sur la totalité du discours qu'il a entendu ; qu'il ne peut donc en faire l'objet d'une spéculation. ni même l'imprimer dans le but de le faire connaître au public;

» Qu'il suit de là que s'il est vrai que le ministre de la religion soit tenu de proclamer sans cesse les vérités révélées par l'Evangile et d'employer toutes ses facultés pour assurer le triomphe de la morale divine, toutefois il est nécessaire qu'il reste juge de l'opportunité et du mode de la publication de ses discours ; qu'il ait le loisir de les revoir, de les méditer, soit pour les supprimer, si ses nouvelles réflexions et les conseils d'hommes graves le conduisent à croire que la lecture en serait dangereuse, soit pour les corriger, les modifier, les perfectionner, en un mot, donner à la pensée la forme la plus propre à produire une impression salutaire sur le cœur d'un plus grand nombre de lecteurs attirés par les charmes du style; qu'il suit encore de là qu'il est indispensable que l'auteur reste maître de choisir son imprimeur et de surveiller son travail;

» Attendu que de tout ce qui précède il résulte que Martin, Sallior, Lapeyrère, en imprimant et publiant dans le *Journal des Prédicateurs*, la *Tribune sacrée*, l'*Enseignement catholique*, plusieurs discours prononcés par les plaignants dans diverses églises, sans le consentement des auteurs, ont violé les lois relatives à la propriété littéraire, commis le délit de contrefaçon et encouru les peines portées par les articles 425 et 427 du Code pénal:

» Appliquant lesdits articles, condamne Martin, Sallior et Lapeyrère chacun à 300 francs d'amende;

» Autorise les plaignants à faire saisir tous les exemplaires des volumes et cahiers des recueils sus-énoncés contenant les discours ci-dessus désignés;

» Dit toutefois que cette disposition n'est point applicable au *Journal des Prédicateurs* en ce qui concerne les seize conférences du Père Lacordaire à Notre-Dame, et le sermon sur la Perte de la vérité, du même orateur, insérés dans les deux premiers volumes (1845 et 1846), antérieurement au procès sur lequel le tribunal de la Seine a statué par un jugement du 26 juin 1846, confirmé par arrêt de la Cour d'appel :

» Autorise en outre les plaignants à faire imprimer le présent jugement dans trois journaux à leur choix;

» Condamne Martin, Sallior et Lapeyrére, tant envers les plaignants qu'envers le Trésor public, aux frais, lesquels comprendront le coût des insertions dans les journaux, et, du consentement des plaignants, leur tiendront lieu de dommages et intérêts. »

8'. — PARIS — IMPRIMERIE E. SIMON DAUTREVILLE ET C°, rue Neuve-des-Bons-Enfants, 3.